# IMPORTANCE DE L'ÉGYPTE

## ET

# DE L'ISTHME DE SUEZ.

## I. — HISTORIQUE.

L'Égypte fut, dans l'antiquité, la contrée la plus célèbre de la terre ; elle brilla par la science, les arts et une civilisation précoce ; elle se distingua aussi par l'agriculture et par la guerre ; elle envoya des colonies dans le nord de l'Afrique, en Abyssinie et en Grèce.

Les anciens Egyptiens tiraient leur origine de ce plateau élevé de l'Asie, qui est le berceau de la race blanche, laquelle peuple aujourd'hui l'Europe, se disperse sur tout le globe, et paraît destinée à lui communiquer sa civilisation.

Les anciens Egyptiens sont redevables d'une partie de leur gloire passée à leur position géographique, à leur Nil, à la mer Rouge, ce golfe allongé de la mer Indienne que la nature semble avoir formé pour lier l'Occident à l'Orient. Les anciens rois de cette contrée avaient établi leur résidence dans la ville de Thèbes, dont les ruines font encore l'admiration et l'étonnement de tous les voyageurs. Ils avaient un port sur la mer Rouge, dans l'emplacement où est aujourd'hui Kosseir, distant de leur capitale de quarante lieues. C'est par là qu'ils communiquaient avec l'Arabie, le golfe Persique et l'Inde.

Le Delta n'existait pas encore ; c'est un terrain d'allu-
vion, qui s'est formé successivement par les dépôts du
Nil. La Basse-Egypte devait être anciennement un golfe
de la Méditerranée qui ne se terminait qu'au Caire, là
où la chaîne libyque et la chaîne qui borde la mer Rouge
se dirigent l'une vers l'est, c'est-à-dire vers la Syrie,
et l'autre vers l'ouest, et se termine au couchant
d'Alexandrie, sur les bords de la Méditerranée, au
point qu'on appelle le Marabout.

Après la formation de la Basse-Egypte, les rois de
cette contrée bâtirent la ville de Memphis, et établirent
un port à une demi-lieue au nord de l'emplacement de
la ville de Suez, qu'on nommait Arsinoë.

Salomon, roi des Juifs, fit aussi, dans l'antiquité,
le commerce de l'Orient par la mer Rouge ; il avait établi des communications lointaines et construit un port
sur le golfe qui est séparé du golfe de Suez par le mont
Sinaï et une partie de l'Arabie-Pétrée. Les bénéfices
qu'il retira de son commerce avec l'Orient lui fournirent
les moyens de construire son temple de Jérusalem.

Alexandre-le-Grand se détermina à entreprendre la
conquête de l'Asie par l'appât des richesses qu'il devait
trouver dans le pays, et par le désir d'ouvrir des communications avec tout l'Orient. On sait la marche qu'il
suivit : il traversa l'Asie-Mineure, et, après avoir vaincu
les Perses dans deux batailles, au lieu de les poursuivre
sur l'Euphrate, il tourna vers l'ouest, traversa la Syrie,
prit la célèbre ville de Tyr, et marcha sur l'Egypte dont
il fit la conquête. Il y construisit la ville d'Alexandrie,
dont il choisit admirablement bien la position, car c'est
le seul port, à l'abri des coups de mer, qu'on trouve

depuis Tunis jusqu'à Rhodes ; l'histoire nous apprend que cette ville faisait un grand commerce avec Carthage, le nord de l'Afrique et la Grèce.

Les Romains, après avoir détruit Carthage, s'emparèrent de l'Egypte et de la Syrie ; ils firent le commerce de l'Orient par la mer Rouge et l'Euphrate.

Dans le Moyen-Age, les Gênois et les Pisans s'établirent à Caffa, en Crimée ; ils y firent le commerce d'Orient par l'Euphrate, Trébizonde, la mer Caspienne et la grande Tartarie ; mais don Vasco di Gama, envieux des succès de Christophe Colomb qui avait découvert l'Amérique, partit pour aller découvrir une nouvelle route pour aller en Orient à travers le grand Océan. Il doubla le cap de Bonne-Espérance, côtoya l'Afrique et arriva aux Indes-Orientales. Il s'empressa d'aller annoncer à Lisbonne le succès de son entreprise.

Albukerque prépara une grande expédition maritime, marcha sur les traces de son compatriote, arriva au détroit de Bab-el-Mandel, à l'entrée de la mer Rouge, continua sa marche vers le golfe Persique, et, après s'être emparé de l'île d'Ormuz, poursuivit sa route et fit des établissemens sur les côtes du Malabar et du Coromandel.

Les Hollandais se précipitèrent à la suite d'Albukerque ; ils s'emparèrent de l'île de Java, située devant l'Archipel indien, comme Candie devant l'Archipel grec ; ils firent des établissemens sur les côtes de l'Inde, et supplantèrent les Portugais. Les Français, à leur tour, firent de grandes expéditions vers l'Inde, fondèrent de vastes établissemens et devinrent les rivaux heureux des Hollandais. Enfin les Anglais arrivèrent dans l'Inde ; ils y ont supplanté toutes les autres nations et établi leur domination presque exclusive sur plus de cent millions de sujets. Alors le commerce d'Orient changea de route ; il ne se fit plus ni par l'Euphrate ni par la mer Rouge. Les Pisans et les Génois abandonnèrent Caffa, et les Vénitiens, menacés par les Portugais et chassés par le soudan d'Egypte, abandonnèrent Suez. L'envahissement de l'Egypte et de la Syrie par les Turcs et les Arabes, la guerre des Croisades et la barbarie des peuples qui habitaient ces contrées, rendirent le commerce chanceux et presque impossible. Mais depuis lors les temps sont changés et la situation n'est plus la même. Un homme de génie domine en Egypte ; il réunit et civilise les Arabes, donne sécurité aux voyageurs et aux commerçans, et ces pays, si long-temps désolés par la guerre et les révolutions successives, vont permettre à l'Occident de rouvrir l'ancienne route de communication avec l'Orient, si la politique des Européens n'y met obstacle.

II. — DESCRIPTION DE LA SITUATION GÉOGRAPHIQUE ET PHYSIQUE DE LA MER ROUGE ET DE L'ISTHME DE SUEZ.

La mer Rouge est un golfe très allongé qui s'avance du sud au nord parallèlement au cours du Nil. Bornée à l'est par l'Arabie et à l'ouest par une chaîne de montagnes entre elle et ce fleuve, elle se termine par deux branches dont l'une aboutit à Suez, et l'autre, se dirigeant au nord-est, va vers les déserts qui environnent Jérusalem. Les vents, sur cette mer, sont constamment au nord, nord-est et nord-ouest ; par conséquent, ils favorisent la navigation pour aller de Suez dans l'Océan indien ; mais ils sont contraires pour venir du détroit de Bab-el-Mandel à Suez. La navigation doit être, d'après cela, fort dangereuse lorsqu'on va du sud au nord ; on est obligé de louvoyer et de s'approcher tantôt des côtes de l'Arabie, tantôt de celles de l'Egypte, remplies d'écueils et de bancs de corail qui ont été la cause de fréquens naufrages. Dans le mois d'avril et au commencement du mois de mai, il règne de temps en temps un vent du sud impétueux et désagréable, à cause de sa sécheresse et de la poussière qu'il soulève, on l'appelle le kamsin. C'est ce vent si redouté par les caravanes engagées dans le désert, et qui souvent cause la mort des hommes et des chameaux. Il ne règne qu'un petit nombre de fois dans l'année et pendant un intervalle de huit à dix heures ; ainsi les navires ne peuvent pas compter sur lui pour faire route.

Depuis l'emploi de la vapeur à la navigation, tous les dangers et les incertitudes sont dissipés ; on suit directement le milieu du canal, où l'on ne rencontre pas d'écueils. Le trajet est prompt et régulier, tandis qu'auparavant les Arabes mettaient quelquefois plus de quarante jours pour arriver de Moka à Suez : il faut dire qu'ils ne voyageaient que le jour et mouillaient tous les soirs. Avant l'emploi de la vapeur, la mer Rouge n'offrait pas de grands avantages qui pussent déterminer le commerce à la suivre ; il fallait deux transbordemens pour les marchandises et un transport par terre de trente lieues pour arriver au Caire.

L'isthme de Suez a une largeur de trente lieues de Suez à Tineh, ancienne Peluze. Il est possible d'y établir un canal, qui ne coûterait pas plus qu'un chemin de fer de la même longueur. On prétend que la canalisation fut entreprise autrefois par Ptolémée, et, plus tard, par les Arabes, sous le sultan Saladin. J'ai été à portée d'examiner les lieux, ayant habité Suez pendant neuf mois, lors de l'expédition française en Egypte. J'ai parcouru l'isthme plusieurs fois, accompagné de l'ingénieur en chef Lepère, lorsqu'il en fit le plan ; j'ai reconnu les traces d'une canalisation qui commence à une lieue de l'extrémité du golfe, tortueuse et faite sans art ; mais il m'a paru qu'elle n'aboutissait qu'à cet ancien lac, desséché aujourd'hui et recouvert de croûtes salines ( le lac Amer ). Ce lac, dans l'endroit le plus profond, est de 10 mètres plus bas que la mer Rouge, à l'époque de la marée haute. La marée, au golfe de Suez, est de 2 mètres, et un peu plus élevée aux nouvelles et pleines lunes des équinoxes. Il y a quatre lieues de distance entre l'extrémité du golfe et le lac Amer dont nous avons parlé. Le sol, dans toute cette distance, n'est guère au-dessus du niveau de la haute marée. Il est possible qu'il ait existé autrefois un canal pour joindre la mer avec ce canal ; mais il n'a pu être d'une grande utilité, à cause du mouvement des eaux occasionné par la marée. Les anciens ne connaissaient pas l'art des écluses ; elles ne furent inventées, en Italie, que vers la fin du quinzième siècle. Ainsi, les Arabes n'avaient aucun moyen pour retenir dans le canal les eaux de la marée. Le lac Amer est d'une longueur de neuf lieues, et son extrémité se dirige vers Tineh, ou l'antique Peluze. A l'extrémité du lac, se trouve une élévation formée de rocs calcaires, qui paraît appartenir au contrefort de la chaîne des montagnes qui sépare l'Egypte de la mer Rouge. Cette hauteur, qui est sensible pendant plus de trois lieues, s'abaisse peu à peu vers le bassin de la Méditerranée. J'ai examiné avec soin tout la crête, et nulle part je n'ai aperçu de coupure qui témoignât de l'existence de l'ancien canal ; d'où je conclus qu'il n'y a jamais eu de canal continu de la mer Rouge à la Méditerranée.

Les eaux du Nil, à l'époque de l'inondation, viennent du Caire à Belbez, ancienne Bubaste. Elles tournent vers l'est, entrent dans une vallée, qui s'avance dans le désert, qu'on appelle le val Sababia, et arrivent à son extrémité à un point nommé le Santon du Cheick Ennedy, à trois lieues de distance du lac Amer, dont nous avons déjà parlé ; et si jamais le canal a été utilisé par le commerce, il fallait transporter par terre les marchandises arrivées sur le canal jusque dans les eaux du Nil.

Il paraît que la mer Rouge a baissé de quelques pieds depuis les temps anciens. Arsinoë, ancien port de mer à l'extrémité de la mer Rouge, au nord de Suez, s'en trouve aujourd'hui éloigné de plus de 200 mètres. La Méditerranée, au contraire, paraîtrait s'être élevée. Les ruines de plusieurs villes anciennes se trouvent aujourd'hui couvertes par les eaux.

Si l'on voulait creuser un canal navigable entre la mer Rouge et la Méditerranée, on aurait quatre lieues de canalisation de la mer Rouge au lac Amer, qui servirait de canal dans toute sa longueur, c'est-à-dire pendant neuf lieues. On aurait donc treize lieues de navigation, n'ayant à creuser que quatre lieues de canal : il faudrait construire une estacade éclusée à l'extrémité du golfe, avec deux écluses au moins pour donner entrée dans le canal aux bâtimens qui arriveraient par la mer Rouge ; ces écluses, et ces barrages formeraient le port et retiendraient les eaux de la marée.

L'ouverture du canal qui joindrait les deux mers ferait une révolution dans le commerce du monde, et la Méditerranée en deviendrait le centre. Les bateaux à vapeur partant de Trieste, des ports de l'Italie, de la France et de l'Espagne, feraient le voyage de l'Inde en trente jours et abrègeraient leur route de trois mille lieues au moins. Les ports de l'Océan, de l'Angleterre et des Etats-Unis d'Amérique économiseraient au moins la moitié de cette distance. Le bénéfice du temps serait encore plus considérable ; trente jours suffiraient pour aller de Marseille à Bombay. On met aujourd'hui plus de trois mois en doublant le cap de Bonne-Espérance.

III. — INCONVÉNIENS DU PORT DE SUEZ. — MOYEN DE LES SURMONTER.

Suez est situé dans un vaste désert ; il n'y a, à plusieurs lieues à la ronde, ni arbre, ni trace de végétation. La culture la plus proche est au Caire, à trente lieues de distance. Les déserts qui l'environnent ne sont habités que par quelques tribus d'Arabes, établies dans l'Arabie-Pétrée, au pied du mont Sinaï, et dans les montagnes qui bordent la mer Rouge du côté de l'ouest. Il n'y a d'autres sources que la fontaine de Moïse, assez abondante, mais dont les eaux se perdent dans les sables, faute de l'établissement d'un bassin pour les recueillir et les tenir en réserve. Cette eau est nauséabonde, un peu saumâtre ; elle sourd d'un plan de gypse. Les fontaines sont situées à deux lieues de Suez et à trois quarts de lieue du rivage de la mer. On en va chercher l'eau, pour l'usage des habitans, dans des outres de peau de chèvre, et on la transporte sur des barques jusqu'à Suez.

La rade de Suez est exposée à tous les vents; elle n'est pas sûre et manque de profondeur; il serait nécessaire de creuser un bassin au-dessus des écluses de retenue, à l'embouchure du canal, pour y mettre en sûreté les bateaux à vapeur, qui, venus de l'Inde ou de la Méditerranée, attendraient la marée pour se lancer sur le canal. Ce bassin devrait être assez considérable pour recevoir tous les bâtimens que le commerce pourrait y amener.

Il y a, à quatre lieues de Suez, un golfe situé à l'ouverture de la vallée de l'Egarement, qui présente un bon mouillage; il est abrité par des montagnes, il est profond et sûr. A une lieue de Suez, et au nord, se trouve un puits appelé Ageroud, assez abondant, bien bâti et entouré d'un mur solide; l'eau en est désagréable, saumâtre; les chevaux la dédaignent et les caravanes y abreuvent leurs chameaux. Le désert ne fournit, pour le chauffage et pour les usages domestiques, aucun combustible; les habitans de Suez font leur café, en brûlant la fiente du chameau; les plus aisés achètent du charbon de bois, que les Arabes de Thor leur apportent.

Thor est situé au pied du mont Sinaï, à plus de quarante lieues de Suez. Il y a dans cette localité de l'eau douce excellente, un couvent du rite grec, dont les moines cultivent quelques jardins et quelques arbres fruitiers. Le rivage de Thor offre un mouillage assez sûr et abrité par les hauteurs du mont Sinaï.

Mais tous les inconvéniens qu'offre le port de Suez

peuvent être surmontés par l'art. Les fontaines de Moïse, si elles étaient réunies dans un grand bassin, fourniraient une grande quantité d'eau.

A l'entrée de la vallée de l'Egarement, il y a des montagnes assez élevées, sur lesquelles vont se décharger les nuages poussés par les vents du nord. Il y pleut plusieurs fois dans l'année : les ravins profonds qui existaient dans cette contrée l'attestent d'une manière certaine. Ces eaux pluviales pourraient être recueillies et filtrées pour servir à l'usage du commerce et des habitans. On pourrait y fixer un puits artésien.

Les Vénitiens ont eu dans la mer Rouge une flotte assez considérable ; les Turcs, dans le dix-septième siècle, y ont eu aussi des vaisseaux d'un grand échantillon, qui servaient à transporter à la Mecque les pèlerins qui venaient de l'Occident. Mais une chose qui m'a causé quelque surprise, c'est de n'avoir trouvé aucun vestige des chantiers qui ont dû exister autrefois.

Nous avons dit plus haut que les eaux du Nil, à l'époque de l'inondation, arrivaient depuis le Caire jusqu'à Belbez, et que de Belbez, en tournant vers l'est, elles arrivaient, par le val de Sababia, jusqu'à douze lieues de distance de Suez. On conçoit aisément que, par le moyen du canal, des bateaux-citernes pourraient approvisionner amplement le port de Suez de l'eau douce qui lui serait nécessaire. A Amsterdam, une population de plus de trois cent mille âmes s'abreuve de l'eau qu'on va chercher à Utrecht, à dix lieues de distance : cette eau arrive dans des bateaux-citernes.

Le canal de Suez fournirait aussi des moyens faciles pour l'approvisionnement du combustible, et la fertilité de l'Egypte donnerait abondamment toutes les choses nécessaires à l'existence d'une grande population.

## IV. — DE LA NAVIGATION DE L'EUPHRATE.

La navigation de l'Euphrate est bien loin d'offrir au commerce de l'Inde les mêmes avantages que la mer Rouge et la canalisation de l'Isthme. Ce fleuve n'est plus contenu par les anciennes digues que les Babyloniens avaient fait élever. Ses bords sont marécageux et ses eaux dispersées; il est bordé par des déserts et des populations barbares et pillardes. Au pied du Taurus, sa navigation devient impraticable.

Autrefois on avait bâti Palmyre, qui servait de station aux caravanes, et le commerce de l'Inde avec l'Occident, peu considérable alors, se rendait à Alexandrette. Il est probable que la canalisation, depuis l'Euphrate jusqu'à l'Oronte, présente des difficultés presque insurmontables. Les eaux qu'on dévierait de l'Euphrate traversant des déserts sablonneux, dans un pays chaud, ne suffiraient pas pour entretenir la navigation. D'ailleurs, il est impossible de donner au fleuve et au canal la profondeur nécessaire pour y faire passer des bateaux à vapeur de dix-huit pieds de tirant d'eau. Si tel est l'état physique de cette direction, on conçoit la supériorité de la direction du commerce par la mer Rouge.

## V. — EFFETS IMMANQUABLES DE L'OUVERTURE DU CANAL DE SUEZ.

Tout le commerce qui suit aujourd'hui la route du cap de Bonne-Espérance suivrait le golfe de la mer Rouge et arriverait au centre de la Méditerranée. Les villes antiques qui en bordent le rivage redeviendraient riches et florissantes, et la Grèce, peuplée de marins intrépides, lancerait ses vaisseaux sur les mers des Indes. Trieste serait de toutes les places de commerce celle qui recueillerait les plus grands avantages. Cette ville pourrait, par un canal facile à creuser, arriver au Danube par la Save. La navigation de la Tesse porterait le commerce dans le cœur de la Hongrie ; en descendant le Danube, on approvisionnerait la Servie et la Moldavie, et l'Autriche n'aurait plus besoin de lutter avec la Russie pour les bouches du Danube.

En remontant le fleuve, Trieste serait en communication avec Vienne et l'Allemagne méridionale ; si un jour on joignait le Danube au Rhin, l'Autriche communiquerait directement avec la mer du Nord.

Naples, Gênes, Marseille, Barcelone et Cadix distribueraient le commerce d'Orient à tout l'occident de l'Europe. Tous les peuples seraient mis, par ce vaste commerce, en communication, et dans moins d'un siècle on verrait flotter sur la Méditerranée les pavillons des nations orientales : les Japonais, les Chinois, les Indiens, les Perses, les Arabes, se trouveraient réunis ensemble et confondus avec tous les Européens dans les édifices élevés pour les intérêts du commerce, dans nos théâtres, nos monumens publics, et jusque dans les hôtels et aux tables d'hôte. Alors ceux qui nient le progrès et la marche de l'humanité vers la réunion des peuples, seraient obligés de convenir que l'unité de l'espèce humaine n'est pas une utopie.

Il y a sur le globe quatre points principaux qui en sont les grandes routes et ne devraient appartenir à aucun peuple spécialement, mais être la propriété indivise de l'espèce humaine : ce sont l'isthme de Suez, l'isthme de Panama, le passage de la mer Méditerranée à la mer Noire, le passage de la mer du Nord à la Baltique.

Le vice-roi d'Egypte ne peut pas entreprendre à lui seul la canalisation de l'isthme : les capitaux lui manqueraient ; il ne trouverait pas dans sa population les ouvriers d'art et les ingénieurs qui lui seraient nécessaires. Pour une si grande entreprise, il faut le concours des gouvernemens européens les plus intéressés. On devrait lui garantir un emprunt suffisant pour une pareille opération. Les droits de transit qui seraient perçus sur le canal garantiraient le paiement de l'intérêt et le remboursement de l'emprunt.

Les travaux de l'isthme, des deux ports, des écluses et de la canalisation ne coûteraient pas moins de 30 millions. La canalisation qui amènerait les eaux du Nil jusqu'au lac Amer, d'une longueur de quinze lieues, s'élèverait à plus de 7 millions, non compris les travaux d'un barrage qui s'appuierait au Mokatam du côté de l'est, et à la chaîne de la Libye du côté de l'ouest. L'isthme de Suez doit être un terrain neutre ouvert à tous les peuples : on ne devrait y construire ni fortifications ni casernes.

VI. — DES TRAVAUX PRÉLIMINAIRES A EXÉCUTER AVANT DE COMMENCER LA CANALISATION DE L'ISTHME DE SUEZ.

La canalisation de l'isthme de Suez doit nécessiter la réunion d'un grand nombre d'ouvriers, de beaucoup de matériaux, et un transport considérable de vivres nécessaires à l'alimentation des travailleurs. Cet isthme est un désert dépourvu d'eau et sans aucune végétation. Il faut, par conséquent, pourvoir d'avance aux moyens de transports nécessaires pour une si grande entreprise ; un chemin de fer qui irait du Caire à Suez serait dispendieux et insuffisant ; le combustible, qu'on ne trouve pas dans le pays, serait trop cher, et on courrait le danger que les rails ne fussent obstrués par le sable mouvant. Le moyen le plus sûr et le plus économique serait d'ouvrir un canal qui serait alimenté par les eaux du Nil, qui, partant du pied du Mokatam, passerait au-dessus du vieux Caire, au sud-est de la citadelle, traverserait la ville des Tombeaux, se dirigerait sur le village Del Mataryeh, et, passant par Helanka, irait sur Belbeys, ancienne Bubaste ; et de là, tournant vers l'est, suivrait le val Sababia et arriverait à l'extrémité nord du lac Amer.

Mais, pour alimenter ce canal, il faudrait prendre les eaux du Nil un peu au-dessus du Mekyas, et, par conséquent, faire un barrage dans le point de la vallée le plus étroit, s'appuyant d'un côté au Mokatam, et de l'autre sur les rocs calcaires qui bornent la vallée, au-dessus des pyramides de Gizeh.

Le barrage devrait être élevé de deux mètres ; cette élévation permettrait de gagner du terrain sur les bords du désert, et de donner plus de profondeur au canal.

Une fois ce travail accompli, on conçoit que l'eau douce menée par le canal arrive à moitié chemin entre Suez et Tineh (ancienne Peluze) ; et lorsqu'elle serait arrivée à ce point, on construirait un château d'eau à l'extrémité du canal d'eau douce, et par le moyen de moteurs, par le vent (1), on n'aurait qu'à l'élever à la hauteur de moins de trois mètres, pour la porter au-dessus du niveau de la mer Rouge.

Une fois l'eau arrivée à ce point, il serait facile de la conduire dans des tuyaux jusqu'à Suez : la distance est de douze lieues. Le canal du Nil, partant du barrage au-dessus du Caire, conduirait des vivres et des matériaux pour l'alimentation des ouvriers et la construction des ouvrages d'art. Ainsi, tous les approvisionnemens seraient assurés par des voies faciles et peu dispendieuses.

Immédiatement après la confection de ce canal, on travaillerait à ouvrir le grand canal de l'isthme, depuis Suez jusqu'au lac Amer. Il n'y a que quatre lieues de distance, et le lac Amer, ayant une profondeur de vingt mètres au-dessus du niveau de la mer Rouge, servirait, sans presque aucun travail de canalisation, jusqu'à la tête du canal du Nil, et alors il y aurait une communication par des canaux, depuis Suez jusqu'au Caire et au pays cultivé de l'Egypte.

Cependant on ne pourrait pas ouvrir une communication entière entre le canal d'eau salée et le canal d'eau douce, parce qu'on risquerait de déverser les eaux salées sur une grande étendue de terres fertiles et cultivées. Il faudrait, par conséquent, laisser un barrage entre les deux canaux et transborder les matériaux pour les faire passer du canal du Nil au canal de l'isthme.

On trouverait facilement en Egypte, et à portée de tous les travaux qu'on devrait exécuter pour cette entre-

---

(1) Les Polders de la Hollande sont épuisés par des moulins à vent. On pourrait, en Egypte, employer les mêmes moyens pour élever les eaux de quelques mètres. Les vents sont constans.

prise, tous les matériaux nécessaires, à l'exception du fer et des bois de construction. La pierre calcaire, les coquillages ne manquent pas dans ces contrées. On y trouve aussi du gypse à foison ; les montagnes qui bordent la mer Rouge ont en abondance le calcaire, le grès, le granit, le porphyre même et l'albâtre. Les eaux de la mer Rouge en faciliteraient le transport et l'approvisionnement.

La confection du canal, depuis le lac Amer jusqu'à Tineh, où l'on rencontre la mer Méditerranée, offre de plus grandes difficultés. Il y a une pente de plus de trois mètres qu'il faudrait racheter par des écluses.

A l'extrémité du canal, c'est-à-dire à Tineh, il serait nécessaire de creuser un vaste port avec des écluses de chasse, pour approfondir le chenal et donner une libre entrée dans la mer aux vaisseaux qui déboucheraient du canal de l'isthme. Il est probable que c'est là où se trouve l'opération la plus difficile, parce que, dans cette partie, les côtes sont basses et la mer peu profonde. Des sondages peuvent seuls faire connaître l'étendue des difficultés qu'on aurait à vaincre, et, dans le cas de trop grands obstacles, on pourrait creuser sur les côtes un canal qui passerait à Damiette, Rosette, Aboukir, et irait déboucher à l'est d'Alexandrie.

Une pareille entreprise serait coûteuse, mais elle donnerait un résultat immense : ce serait de dessécher le lac de Menzaleh, de Burlos, d'Edkou et le lac Mahdyeh. Ce travail donnerait aussi l'avantage inappréciable de maîtriser les eaux du Nil et de favoriser l'irrigation complète du Delta.

On conçoit aisément les avantages que l'ouverture du

canal de l'isthme procurerait à tous les Etats commerçans du globe. Tous les vaisseaux qui viennent de l'Orient et qui doublent aujourd'hui le cap de Bonne-Espérance, une partie même de ceux qui entrent par le détroit de Gibraltar prendraient la route de la mer Rouge et aboutiraient à la Méditerranée par le canal de l'isthme ; cette mer deviendrait le centre du commerce du globe, et tous les ports de la Méditerranée s'élèveraient à ce haut point de prospérité que la nature paraît leur avoir destiné. On ne tarderait pas à voir s'élever sur les bords du canal trois grandes villes, l'une à Suez, l'autre au lac Amer, et la troisième à Tineh, sur les bords de la Méditerranée. La population de l'Egypte, qui compte à peine en ce moment trois millions d'habitans, s'élèverait rapidement et atteindrait un chiffre qu'on n'ose prévoir aujourd'hui. Les besoins d'alimentation se faisant sentir, on travaillerait à un système d'irrigation qui doublerait la surface des terres cultivables et mettrait ce pays à l'abri des disettes occasionnées par l'irrégularité des crues du Nil. Les irrigations, qui se font aujourd'hui avec difficulté par des sakis, se feraient naturellement par des barrages et des vannes, ce qui épargnerait le travail de plus de quatre-vingt mille bœufs et de vingt mille hommes.

Ce rêve que j'ai fait il y a quarante-cinq ans, étant à Suez, à l'extrémité de la mer Rouge, me parut alors une utopie ; cependant il n'a pas cessé d'occuper jusqu'à ce jour mon esprit, et aujourd'hui il s'y présente comme une chose véritable. Notre occupation d'Egypte était précaire et fort incertaine dans l'avenir : à cette époque, tous les peuples civilisés de l'Europe étaient occupés de la guerre qu'avait suscitée la révolution de 1789 ; le commerce et l'industrie n'avaient pas pris les développemens qu'ils ont acquis depuis ; la navigation à la vapeur était inconnue ; il n'existait pas de chemins de fer ; l'esprit des grandes entreprises ne s'était pas manifesté ; il y avait pénurie de capitaux, et les peuples, divisés entre eux par les antipathies qu'entretenaient les gouvernemens divers, ne pouvaient pas s'entendre et combiner leurs intérêts. Aujourd'hui cet état est bien changé ; la guerre est plus difficile ; les peuples ne sont pas ennemis entre eux, les idées de civilisation se propagent, et les grandes entreprises, qui, il y a moins d'un demi-siècle, auraient effrayé les imaginations, s'exécutent avec rapidité. On perce des montagnes, on creuse des canaux et des ports. La Hollande a fait un canal du Helder à Amsterdam, à travers la province du North-Holland, presque aussi long que le serait celui de l'isthme de Suez, et sur lequel naviguent les plus gros bâtimens. On a creusé un tunnel sous la Tamise ; aux Etats-Unis d'Amérique, on a relié les lacs et établi des communications sur l'eau d'une longueur de plusieurs centaines de lieues ; déjà on se dispose à percer l'isthme de Panama, situé dans une contrée presque déserte et sous un climat insalubre. Comment pourrait-on craindre d'entreprendre la canalisation de l'isthme de Suez, si facile, et qui coûterait à peine ce qu'il faudrait dépenser pour un chemin de fer de la même longueur ?

On a fait en Europe tant d'entreprises coûteuses pour abréger un trajet de quelques jours d'une ville à l'autre ; devrait-on craindre d'employer quelques millions pour ouvrir la communication la plus importante du globe, celle qui met en contact l'Orient avec l'Occident, et qui épargnerait un trajet dangereux de près de trois mille lieues, et plus de trois mois de temps pour venir des Indes à Marseille. Voudrait-on continuer à faire le tour de l'Afrique, à doubler le cap des Tempêtes, à courir les dangers d'une longue navigation, pour éviter les frais d'une entreprise importante?

La canalisation de l'isthme de Suez importe surtout à tous les peuples situés sur les bords de la Méditerranée, à l'Allemagne méridionale, à l'Angleterre, à la Hollande et au Portugal, qui ont de grandes possessions en Orient. Les gouvernemens de ces pays ne devraient-ils pas s'entendre pour l'entreprise de cette grande œuvre?

Indépendamment des avantages matériels, qui résulteraient de cette opération pour les peuples civilisés de l'Europe et de l'Amérique, il y a des besoins moraux très importans à satisfaire. Depuis que nous ne sommes plus occupés de la guerre, et que les questions politiques, si souvent rebattues, sont devenues indifférentes et même oiseuses, il nous faut une grande idée pour sortir de notre somnolence et nous rappeler à une vie active.

A différentes époques et à de grandes distances, la Providence a ménagé aux peuples des commotions salutaires pour les réveiller de leur assoupissement et les faire entrer dans la voie du progrès. Le grand mouvement des Croisades, issu de la pensée chrétienne, mit l'Europe en mouvement, donna une forte impulsion aux esprits, et prépara la voie pour l'amélioration de l'ordre social. L'invention de l'imprimerie, de la boussole, de la poudre à canon; la découverte de l'Amérique par Christophe Colomb, la route de l'Orient tentée par Vasco di Gama à travers le grand Océan, donnèrent une nouvelle vie à tous les peuples de l'Europe, et firent surgir une activité extraordinaire qui développa la force matérielle des corps et l'intelligence de l'esprit.

La révolution de 1789 sortit aussi d'une grande pensée, et commença les réformes sociales que l'on travaille encore aujourd'hui à accomplir.

La révolution de 1830, produite par l'indignation populaire, fit trembler tous les gouvernemens de l'Europe ; mais ses effets ne furent pas bien marquans ; la bombe n'éclata pas ; la peur, ou peut-être la prudence, en éteignit la mèche ; mais elle nous a ramenés aux principes de 1789 en conservant la paix et en nous laissant le loisir pour développer l'industrie, le commerce et les moyens rapides de communication que nous fournit la vapeur appliquée à la navigation et aux parcours sur les chemins de fer. Ces inventions nouvelles doivent donner aux sociétés humaines une nouvelle vie : nous pourrons facilement visiter toutes les parties du globe et prendre possession de la planète dont le Créateur nous a donné la royauté ; nous remplirons l'obligation religieuse qui nous est imposée d'embellir, de peupler et de civiliser toutes les contrées du globe. C'est, à mon avis, le complément de la pensée chrétienne, qui veut que tous les hommes soient frères et appartiennent à la même famille.

La tranquillité et la sécurité des gouvernemens dépendent de l'exécution d'une grande entreprise, capable d'occuper les corps et les esprits. Les peuples s'ennuient. Une jeune génération active, dont le cœur bat fortement, est dégoûtée de l'emploi mesquin qu'on donne à son intelligence et à sa force ; elle rougit d'user sans gloire et sans profit un temps qu'elle voudrait employer à faire de grandes choses. Elle est mal à son aise : l'air et l'espace lui manquent ; elle demande une vie plus noble et plus grande qu'elle rêve en secret et que peut-être un jour elle ira chercher dans une révolution, si on ne lui ouvre une large carrière.

Tous les peuples de l'Europe sont intéressés à l'ouverture de l'isthme de Suez. La Hollande possède encore en Orient des colonies riches et florissantes. Les Portugais y ont aussi des établissemens, et de grands souvenirs de leur gloire sont attachés à ces contrées. Les Espagnols y occupent encore des points de beaucoup d'importance ; il reste à la France l'île Bourbon et plusieurs positions dans le canal de Mozambique et sur les côtes d'Afrique ; il lui reste encore quelques points importans au Bengale. Les Anglais occupent toute l'Inde et commandent, dans ces vastes contrées, à plus de cent millions de sujets. L'Autriche doit sentir la nécessité de se créer une marine pour prendre sa part du commerce du monde : son port de Trieste est admirablement situé ; elle possède Venise, cette ancienne reine de l'Adriatique ; il est de son intérêt de relever la gloire de cette antique cité, qui doit distribuer le commerce de l'Orient à la partie nord de l'Italie et aux Alpes. On voit avec peine que cette ville antique soit sur le point de s'ensevelir dans ses canaux bourbeux ; ses palais de marbre sont menacés de ruine, destinés peut-être à la démolition, et les blocs sculptés qui en ont fait l'ornement seront vendus à l'encan. Ses beaux chantiers, autrefois remplis de vaisseaux en construction, sont aujourd'hui déserts, et cette ville, si joyeuse naguère, est aujourd'hui triste, morne et silencieuse.

La Prusse et toute l'Allemagne du nord ont aussi un grand intérêt à participer au grand commerce et à la civilisation du globe. L'ouverture des isthmes de Suez et de Panama ne doit pas lui être indifférente. Un jour, qui n'est peut-être pas très éloigné, on sentira le besoin d'occuper une population exubérante et de placer sur des terres lointaines l'excès turbulent et inoccupé d'un accroissement rapide : il paraît donc que l'intérêt bien compris de tous les peuples de l'Europe doit les engager à favoriser la canalisation de l'isthme de Suez. Une seule nation pourrait avoir quelque intérêt apparent pour s'y opposer ; c'est l'Angleterre : elle semble ambitionner exclusivement le commerce du monde et la domination de toutes les mers ; nos guerres continentales et l'affaiblissement de toutes les marines lui ont permis d'établir partout des postes merveilleusement choisis pour surveiller toutes les mers et mettre obstacle au commerce des autres nations. Cependant peut-elle seule interdire à jamais ces grandes communications qui sont de droit la propriété indivise de tous les peuples? N'est-elle pas elle-même exposée à quelques dangers dans cette vaste contrée de l'Inde? Est-elle assurée de la tenir longtemps sous sa domination exclusive? La Russie s'avance à pas lents vers la Perse : elle a sous sa domination la race tartare des Tamerlan, des Gengiskan, des Tamakoulikan, habituée à parcourir l'Orient en conquérante. Ne serait-il pas prudent pour l'Angleterre d'abandonner ses projets exclusifs de domination et d'entrer en partage avec les autres peuples européens? Dominer exclusivement le globe est un fardeau trop lourd pour qu'elle puisse le supporter long-temps.

Il y a dans la vie de l'humanité des époques de transitions et d'évolutions. Les anciennes croyances s'affaiblissant, de nouvelles pensées se manifestent ; les esprits et les intelligences ont fait des progrès. L'avenir ne s'est pas encore formulé et se présente sous un aspect vague et indécis. On cherche d'autres idées pour entrer dans une nouvelle vie ; alors on aperçoit l'agitation dans les esprits : les opinions sont divergentes ; des projets d'amélioration sociale surgissent de tous côtés. D'abord on les taxe d'utopies ; mais le besoin et un examen attentif finissent quelquefois par les transformer en réalité. A cette époque d'indécision, les beaux-arts manquent d'alimens et de pensées ; leurs progrès s'arrêtent et ils attendent la venue d'une grande idée. Telle est leur situation actuelle. Les artistes ont vécu, depuis l'époque de la Renaissance, de la mythologie des Grecs et des Romains, ou de la pensée chrétienne ; mais ils ont épuisé l'une et l'autre. Aussi que produisent-ils maintenant? Pauvres artistes!... vous êtes réduits à célébrer quelques unions princières, à tracer sur la toile l'entrevue de quelques têtes couronnées, à faire des caricatures, des portraits de famille. Les architectes élèvent de petites maisons à l'égoïsme bourgeois. Les sculpteurs essaient de faire passer à la postérité une plèbe de médiocrités qui ne survivront pas à un quart de siècle.

A quel foyer les artistes pourront-ils rallumer le feu sacré presque éteint? Qu'ils ouvrent les portes de l'Orient ; qu'ils aillent sous un ciel pur, inondé de lumières, réchauffer leur imagination ; qu'ils célèbrent l'hymen de l'Océan indien et de la mer Méditerranée ; qu'ils élèvent au milieu de l'isthme de Suez un vaste temple, supporté par mille colonnes, pour célébrer l'union de l'Orient avec l'Occident. Que ce temple soit plus majestueux que celui de Balbeck et de Karnak. La coupole en sera plus belle que celle du Colysée à Rome et que la basilique de Saint-Pierre. Quatre portiques majestueux, tournés vers les quatre points cardinaux, donneront entrée à tous les peuples qui viendront le visiter. Les statues emblématiques de l'Océan indien et de la Méditerranée seront placées au centre, au-dessous de la coupole. L'une, emblème de la Méditerranée, sera une belle femme blanche, aux belles proportions, comme Vénus sortant des eaux ; l'autre sera un homme vigoureux, avec les caractères des peuples de l'Inde ; son corps sera bronzé par les rayons ardens du soleil.

Ils tiendront l'un et l'autre une urne entre leurs bras, et verseront leurs eaux dans un grand bassin de porphyre ; elles s'y mêleront comme emblème de leur union.

Sur chacun des portiques, on inscrira en lettres d'or, du côté de l'Orient : *Au seul Dieu, père de tous les hommes !* sur le portique du midi : *A la fraternité humaine !* sur le portique du nord : *Aimons-nous les uns les autres !* sur celui de l'ouest : *Embellissons et harmonisons le globe !*

Sur la coupole sera peint, avec les formes du Père Éternel chrétien, Dieu, père de l'humanité, donnant sa bénédiction à tous ses enfans. Les murs de ce temple seront couverts de peintures à fresque, représentant les différentes races confondues de l'espèce humaine, entrelaçant leurs bras ou se donnant la main. Tous les voyageurs qui passeront par le canal s'arrêteront devant le temple pour y adorer le Père commun ; ils iront se laver dans les eaux confondues des deux mers, et recevront ainsi un baptême commun.

Autour de ce temple majestueux, on construira le temple des beaux-arts, un vaste théâtre, le palais de l'académie, un institut et un grand collége, pour y apprendre une langue commune à tous les peuples.

La mission des beaux-arts est immense. Leur puissance civilisatrice est le plus grand moyen pour faire progresser l'humanité dans la voie qu'elle doit parcourir ; c'est à eux qu'est réservée la tâche d'illustrer notre planète, de l'embellir par de grandes conceptions, qui puissent rallier les peuples et faire naître cette unité si désirable pour l'accord et l'harmonie de l'humanité ; c'est à eux d'exciter le sentiment religieux de tous les peuples, de stigmatiser l'égoïsme, de développer les nobles et grandes passions, de provoquer les deux grandes unités, l'unité religieuse et l'unité humanitaire. Mettez-vous donc à l'ouvrage, poètes, musiciens, peintres, sculpteurs, architectes ; quittez la voie rétrécie dans laquelle vous êtes emprisonnés, livrez-vous à vos nobles essors, et lancez-vous dans l'avenir !

L'ouverture du canal de Suez ne peut se faire sans le consentement de Méhémet-Ali, vice-roi d'Egypte. Mais il y trouverait tant d'avantages, qu'il est à présumer que son consentement serait facilement obtenu. Les travaux de canalisation, qui amèneraient les eaux du Nil jusqu'au lac Amer, lui donneraient les moyens d'arroser une grande étendue des terres fertiles du Delta ; son port d'Alexandrie serait un des plus florissans du monde ; la population s'accroîtrait rapidement ; il cultiverait une plus grande surface ; la possession de son royaume, pour lui et ses descendans, serait plus solidement assurée. Il étendrait sa domination sur l'Ethiopie et l'Abyssinie. Il suivrait le cours du Nil jusqu'à ses sources, établirait à Massoura, à l'entrée du détroit de Bab-el-Mandel, en face d'Aden, un port qui le ferait participer au commerce de l'Orient et servirait en même temps de station pour les bateaux à vapeur. Son royaume, agrandi de la sorte, lui serait garanti par les gouvernemens de l'Europe ; le Nil formerait un long canal qui traverserait ses Etats dans toute leur longueur.

L'exécution de ce vaste projet serait facile à réaliser, si la France et l'Angleterre agissaient de concert pour en protéger l'entreprise ; mais peut-on y compter, et ne serait-il pas plus sûr de rallier l'Europe centrale pour l'exécution d'une si grande entreprise? Tous les peuples du continent y trouveraient leur profit, et ils rentreraient dans ce droit que la nature a donné à tous les habitans du globe, celui de communiquer librement, par la grande voie de la navigation, avec toutes les autres nations.

TARAYRE,
*Général de division.*

Billorgues, le 31 août 1844.

---

Rodez, Imp. de Carrère Aîné.